BEI GRIN MACHT SICH IHR WISSEN BEZAHLT

- Wir veröffentlichen Ihre Hausarbeit, Bachelor- und Masterarbeit

- Ihr eigenes eBook und Buch - weltweit in allen wichtigen Shops

- Verdienen Sie an jedem Verkauf

Jetzt bei www.GRIN.com hochladen und kostenlos publizieren

Die Bedeutung von NoSQL-Datenbanken. Merkmale dieses Datenbanktyps und Hintergründe seiner Entstehung

Joerg Walbaum

Bibliografische Information der Deutschen Nationalbibliothek:

Die Deutsche Nationalbibliothek verzeichnet diese Publikation in der Deutschen Nationalbibliografie; detaillierte bibliografische Daten sind im Internet über http://dnb.d-nb.de abrufbar.

ISBN: 9783346394781
Dieses Buch ist auch als E-Book erhältlich.

Druck und Bindung: Books on Demand GmbH, Norderstedt Germany
Gedruckt auf säurefreiem Papier aus verantwortungsvollen Quellen

Das vorliegende Werk wurde sorgfältig erarbeitet. Dennoch übernehmen Autoren und Verlag für die Richtigkeit von Angaben, Hinweisen, Links und Ratschlägen sowie eventuelle Druckfehler keine Haftung.

Das Buch bei GRIN: https://www.grin.com/document/1007727

Die Bedeutung von NoSQL-Datenbanken

Merkmale dieses Datenbanktypes und Hintergründe seiner Entstehung

AKAD University

eingereicht von:

Jörg Walbaum

Studiengang: Data Science -Bachelor of Science (B.Sc.)

Hamburg, 15. März 2021

Inhaltsverzeichnis

Abkürzungsverzeichnis

ACID	Atomicity Consistency Isolation Durability
API	Application Programming Interface
bzw.	beziehungsweise
CQL	Cassandra Query Language
DBM	Database Manager (deutsch: Datenbanken)
HANA	High Performance Analytic Appliance
RDBMS	Relational Database Management System
sog.	sogenannte
SQL	Structured Query Language
u.a.	unter anderem
vgl.	Vergleiche
vs.	versus
XML	Extensible Markup Language
z.B.	zum Beispiel

Abbildungsverzeichnis

1. Einleitung

1.1 Problemstellung und Relevanz

Durch die fortschreitende Digitalisierung wachsen die täglich produzierten Datenmengen (Big Data) und die Möglichkeiten der Datenmonetarisierung für Unternehmen. Laut einem Report der International Data Corporation soll die globale Datenmenge im Zeitraum zwischen 2018 und 2025 von 33 Zettabytes auf 175 Zettabytes anwachsen. Dabei wachsen nicht nur die Datenmengen, sondern auch deren Vernetzung und Abhängigkeiten.[1] Die Verfügbarkeit immer größerer Datenmengen führt dazu, daß relationale Datenbanken an ihre Grenzen stoßen. Neue Lösungen, wie NoSQL-Datenbanken, gewinnen an Attraktivität und verdrängen die klassischen Datenbankkonzepte.

1.2 Ziel dieser Arbeit

Das Ziel dieser Arbeit ist es, die Hintergründe für das Entstehen von NoSQL-Datenbankenkonzepten und deren speziellen Eigenschaften zu untersuchen. Dabei soll auch geprüft werden, wie sich der neue Datenbanktyp von klassischen, relationalen Datenbanken abgrenzt, welche speziellen Anwendungsfelder existieren und welche Vor- und Nachteile es gegebenenfalls gibt.

1.3 Aufbau dieser Arbeit

Anknüpfend an die Einleitung im ersten Kapitel erfolgt die Darstellung relationaler Datenbanken und NoSQL-Datenbankenkonzepte im zweiten und dritten Kapitel. In diesen werden Hintergründe sowie wichtige Begrifflichkeiten definiert und erläutert. Das vierte und fünfte Kapitel bildet den Schwerpunkt dieser Arbeit. In diesem werden Unterschiede der beiden Datenbanktypen herausgearbeitet und anschließend zwei Anwendungsfelder sowie Vor- und Nachteile skizziert. Abschließend erfolgt in der Schlussbetrachtung eine kurze Zusammenfassung der Ergebnisse.

---

[1] vgl. Wolan (2020), S. 137

2. Relationale Datenbanken

Relationale Datenbanken werden zur Speicherung und Bearbeitung von Daten durch Computersysteme genutzt. Die Grundidee des Relationsmodells beruht dabei auf der Speicherung von Daten in Form von Relationen und wurde erstmals 1970 in dem Artikel „A Relational Model of Data for Large Shared Data Banks" von E.F.Codd untersucht.[2] Danach hat es rund zehn Jahre gedauert, bis die ersten relationalen Datenbank-Verwaltungssysteme kommerziell verfügbar waren.[3]

Das den relationalen Datenbanken zugehörige Datenbankmanagementsystem bezeichnet sich RDBMS (Relational Database Management System). Als theoretische Grundlage dienen die relationale Algebra und Elemente wie Tabellen, Attribute (Merkmale) und Beziehungen. Um Daten zu manipulieren bzw. abzufragen kommt die Datenbanksprache SQL (Structured Query Language) zur Anwendung. Die bekanntesten Systeme sind MySQL und MSSQL von Oracle.[4]

Besonderheit relationaler Datenbanken sind, dass sie primär immer dem ACID-Grundprinzip unterliegen und dessen Kriterien strikt erfüllen müssen:

- Atomicity: Ausführung aller oder keiner Informationsteile einer Transaktion
- Consistency: Transaktionen erzeugen einen gültigen Zustand oder fallen in den alten Zustand zurück
- Isolation: Transaktionen verschiedener Anwender oder Prozesse bleiben voneinander isoliert
- Durability: Nach einer erfolgreichen Transaktion bleiben die Daten dauerhaft gespeichert[5]

Schwächen dieses Datenbanktyps werden in der begrenzten Skalierbarkeit sowie Speicherung und Verarbeitung großer Datenmengen gesehen. Zudem ist es kaum möglich unstrukturierte Daten, wie z.B. Bilder und Dokumente zu speichern. Aus diesem Grund sind relationale Datenbanken im Big-Data-Umfeld selten zu finden und es ist zu beobachten, daß verstärkt sog. NoSQL-Datenbankansätze zum Einsatz kommen.[6]

---

[2] vgl. Codd (1970)
[3] vgl. Matthiessen/ Unterstein (2003), S. 35
[4] vgl. https://www.bigdata-insider.de/big-data-sql-und-nosql-eine-kurze-uebersicht-a-602249/, abgerufen 19.02.2021
[5] vgl. https://www.bigdata-insider.de/was-ist-acid-a-776182/, abgerufen 19.02.2021
[6] vgl. https://www.bigdata-insider.de/was-ist-eine-relationale-datenbank-a-643028/, abgerufen 19.02.2021

3. NoSQL-Datenbanken

Historisch betrachtet begann die Geschichte der NoSQL-Systeme parallel mit der Etablierung relationaler Systeme. Bereits 1979 entwickelte Ken Thompson eine Key/ Hash-Datenbank namens DBM. Mit Systemen wie Lotus Notes, BerkeleyDB und GT.M entstanden die Vorreiter heutiger NoSQL-Systeme. In 1998 tauchte der Begriff NoSQL erstmals im Zusammenhang mit einer Datenbank von Carlo Strozzi auf. Diesem Datenbanktyp lag zwar immer noch ein relationales Datenbankmodell zugrunde, jedoch stand keine SQL-API mehr zur Verfügung.

Der eigentliche Durchbruch für NoSQL begann im Jahr 2000 in Verbindung mit dem Web 2.0 und dem steigenden Bedarf große Datenmengen zu verarbeiten.[7] Hinter der Abkürzung NoSQL steht der englische Begriff Not only SQL. NoSQL bedeutet jedoch nicht, dass grundsätzlich auf die Datenbanksprache SQL verzichtet wird. Es existieren auch einige Systeme, die komplett auf nicht-relationale Funktionen setzen und nur bestimmte Elemente der SQL-Systeme unberücksichtigt lassen.[8] Zusammenfassend kann man NoSQL-Datenbanksysteme als ein in der Regel nicht relationales Datenbanksystem für hochskalierbare Anwendungen mit meist schwacher Konsistenzgarantie verstehen.[9]

Während relationale Datenbanken Tabellen mit Spalten und Zeilen für die Datenspeicherung nutzen, verwenden die NoSQL-Datenbanken zur Organisation der Daten Wertepaare, Objekte, Dokumente oder Listen und Reihen. Sie skalieren aufgrund ihres Aufbaus horizontal und basieren häufig auf Open-Source-Software. Die NoSQL-Systeme sind für Anwendungen optimiert, bei denen klassische relationale Datenbanken an Grenzen stoßen. Sie werden häufig auch als strukturierte Datenspeicher bezeichnet. Sie sind sehr flexibel einsetzbar, auf Performance ausgelegt und eignen sich insbesondere für große Datenmengen (Big Data).[10] Es wird grundsätzlich unterschieden zwischen Soft-NoSQL-Systemen, die ihren Ursprung nicht in Web 2.0-Anforderungen haben und Core-NoSQL-Systemen, die sich aus den Bedürfnissen des Web 2.0-Zeitalters heraus entwickelten.[11]

---

[7] vgl. Edlich/ Friedland/ Hampe/ Brauer/ Brückner (2011), S. 2
[8] vgl. https://www.bigdata-insider.de/was-ist-nosql-a-615718/, abgerufen 19.02.2021
[9] vgl. Hansen/ Mendling/ Neumann (2019), S. 493
[10] vgl. https://www.bigdata-insider.de/was-ist-nosql-a-615718/, abgerufen 19.02.2021
[11] vgl. http://wi-wiki.de/doku.php?id=bigdata:nosql, abgerufen 19.02.2021

4. Unterschiede zwischen relationalen und NoSQL-Datenbanken

Relationale Datenbanken sind heute die am weit verbreitesten Datenbanken und ein etablierter Standard. Jedoch im Zuge des dynamischen Anstiegs von digital gespeicherten Informationen stoßen sie teilweise an Grenzen und sind nicht immer die optimale Lösung. NoSQL skalieren horizontal und scheinen für große Datenmengen besser geeignet. Nachfolgend werden verschiedene Core-NoSQL-Systeme (siehe Abbildung 1) kurz skizziert und mit rationalen Datenbanken verglichen. Dabei erfolgt auch eine Herausarbeitung von Vor- und Nachteilen.

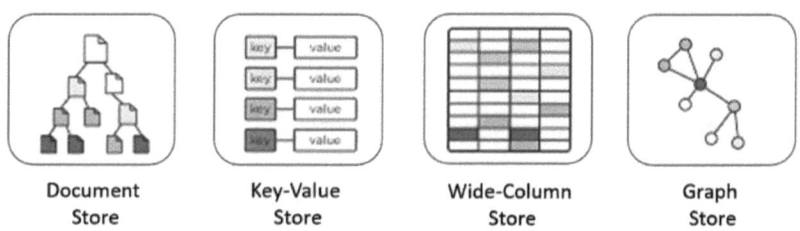

Document Store	Key-Value Store	Wide-Column Store	Graph Store

Abbildung 1: Datenmodelle für NoSQL-Datenbanken[12]

4.1 Key-Value-Datenbank vs. relationale Datenbanken

Das Key-Value-Datenmodell (engl. Key Value Store) stellt die Basislösung für NoSQL-Datenbanken dar und basiert auf Schlüssel- und Wertepaaren. Ziel ist die maximale Vereinfachung.[13] Das Datenbanksystem ermöglicht dabei nur für einen eindeutigen Schlüssel einen dazugehörigen Wert zu speichern und abzufragen. Der Wert kann anwendungsabhängig unterschiedliche Formen haben (atomar, strukturiert, mehrwertig). Je nach Implementierung des Systems sind unterschiedliche Strukturen und Datentypen möglich. Ein Beispiel hierfür wäre die Open-Source-Datenbank REDIS, eine In-Memory-Datenbank, welche u.a. von Twitter, GitHub oder Flickr genutzt wird.[14]

Vorteile sind die schnelle und effiziente Datenverwaltung, die durch das einfach gehaltene Schema entstehen sowie die horizontale Skalierbarkeit auf mehreren Servern, was insbesondere im Web 2.0-Zeitalter bei sehr großen Datenmengen nützlich sein kann. Relationale Datenbanken skalieren hingegen vertikal, sprich die Leistung ist hardwarebezogen limitiert und kann nur

---

[12] vgl. https://docs.microsoft.com/de-de/dotnet/architecture/cloud-native/relational-vs-nosql-data, abgerufen 22.02.2021
[13] vgl. Steven/ Klünder (2020), S. 69
[14] vgl. Hansen/ Mendling/ Neumann (2019), S. 494

durch Erweiterung und Optimierung der eigenen Hardware erhöht werden. Die Schlichtheit des Key-Value-Modells hat aber auch Nachteile, insbesondere bei der Datenverarbeitung. Da auf die Wertedaten nur über einen eindeutigen Schlüssel nachgefragt werden kann, sind die Abfragemöglichkeiten dadurch eingeschränkt. Zudem sind die Wert-Aggregate undurchsichtig bzw. nur in einer Bit-Reihenfolge gehalten, sodass eine Suche oder Manipulation innerhalb der Werteobjekte nicht möglich ist. Bei Änderungen müssen diese entsprechend überschrieben werden. Auch die Herstellung und Erkennung von Beziehungen ist nicht möglich. Zusammenfassend ist dieser Datenbanktyp in seiner Grundform ein sehr einfaches Datenmodell, welches sich bei stark vernetzten und komplexen Abfragen weniger eignet.[15]

4.2 Document-Store-Datenbanken vs. relationale Datenbanken

Dokumentenorientierte Datenbanken (engl. Document Store) basieren auf Key-Value-Datenbanken. Sie weisen jedoch durch die Zusammenführung mehrerer Schlüssel-Daten-Paaren zu Dokumenten eine weitergehende Strukturierung auf. Jedes Dokument enthält innerhalb der Dokumentensammlung auch einen eindeutig identifizierbaren Schlüssel, jedoch können gleiche Schlüssel ebenfalls in anderen Dokumenten vorkommen. Es herrscht wie in Key-Value-Datenbanken eine komplette Schemafreiheit, was die Speicherung jeglicher Arten von Daten innerhalb von Dokumenten ermöglicht. Diese Flexibilität kommt ebenfalls großen Datenmengen entgegen.[16] Ein Beispiel hierfür wären XML-Datenbanksysteme, welche direkt XML-Dokumente speichern können.[17]

Vorteile liegen in der erhöhten Strukturierung, was die Ablage zusammenhängender Informationen (wie z.B. personenbezogener Daten) innerhalb eines Dokumentes ermöglicht. Zusätzliche Informationen können entsprechend einfach hinzugefügt werden.[18] In relationalen Datenbanken ist dies nicht so einfach möglich, da jeder Datensatz in einer Tabelle einem festen Muster folgt.

Daneben bietet die dokumentenbasierte Datenverwaltung auch Geschwindigkeitsvorteile, da hier Informationen aggregiert werden, wo sie sonst erst über mehrere Tabellen durch Verbünde,

---

[15] vgl. http://wi-wiki.de/doku.php?id=bigdata:keyvaluedb, abgerufen 22.02.2021
[16] vgl. Steven/ Klünder (2020), S. 70
[17] vgl. Hansen/ Mendling/ Neumann (2019), S. 496
[18] vgl. Steven/ Klünder (2020), S. 70

den sogenannten SQL-JOINs, hätten zusammengefasst werden müssen.[19] Nachteile dokumentenorientierter Datenbanken sind die begrenzte Eignung zur Speicherung stark vernetzter Daten durch fehlende Beziehungen zwischen den einzelnen Dokumenten. Da es sich um ein nicht relationales Modell handelt, bietet die Datenbank hierfür auch keinerlei Abfragemöglichkeiten und muss daher individuell programmiert werden. Entsprechend eignen sie sich weniger für komplexe Anwendungsfelder bzw. Beziehungen. Die große Schemafreiheit geht einher mit einem höheren Aufwand bei der Abfrageprogrammierung, da erst der Applikationscode ergründet werden muss. Zudem besteht die Notwendigkeit zur Implementierung von Prüfungsmechanismen von den Programmierern direkt in den Anwendungsprogrammen.[20]

4.3 Wide-Column-Store-Datenbanken vs. relationale Datenbanken

Spaltenorientierte Datenbanken (engl. Wide Column Store) unterstützen weitgehend eine unbegrenzte Anzahl an Spalten je Zeile mit entsprechend eindeutigem Namen. Während bei relationalen Datenbanksystemen die Zeilen einer Tabelle (die Tupel) physisch gemeinsam abgespeichert werden, werden bei der spaltenorientierten Speicherung alle Ausprägungen eines Attributs gemeinsam gespeichert. Dies hat Laufzeitvorteile, zum Beispiel bei Datenbanken mit analytischen Zwecken, bei denen häufig Werte über Spalten aggregiert werden, insbesondere wenn Tabellen dünn besetzt oder wenige Spalten für eine Auswertung benötigt werden. Da Spaltenwerte oft ähnliche Ausprägungen haben, sind diese gut komprimierbar. Entsprechend können auch sehr umfangreiche Datenmengen in den Arbeitsspeicher geladen werden, was sich insbesondere gut für In-Memory-Datenbanken, wie zum Beispiel SAP HANA, eignet. Das Modell bildet auch die Grundlage von Googles BigTable bzw. den Suchdiensten von Google. Ein weiteres Beispiel für ein spaltenorientiertes System wäre Cassandra, welches in Kapitel 5 als Anwendungsfeld näher beschrieben wird.

Nachteile werden für dieses komplexere Datenmodell insbesondere beim Ergänzen oder Lesen von Zeilen gesehen, da hier zunächst erst aufwendig alle entsprechenden Spalten gesucht werden müssen.

Ähnlich verhält es sich beim Suchen von Attributen einer Zeile. Hier muss zunächst durch alle Spalten gesprungen werden, um die gewünschten Werte zu finden. Entsprechend ist auch dieses Modell weniger geeignet für stark vernetzte Daten, wie zum Beispiel Graphen. Insgesamt hilft

---

[19] vgl. http://wi-wiki.de/doku.php?id=bigdata:dokumentdb, abgerufen 22.02.2021
[20] vgl. Steven/ Klünder (2020), S. 70

die Kompression der Daten zwar bei der Verringerung von Speicherbedarf, jedoch geschieht dies auf Kosten von Lese- und Schreibgeschwindigkeit, da die Daten erst komprimiert und dann wieder dekomprimiert werden müssen.[21]

4.4 Graph-Store-Datenbanken vs. relationale Datenbanken

Eine Graphendatenbank (engl. Graph Store) ist eine Datenbank, in der Daten in einer Netzstruktur gespeichert werden. Die einzelnen, auch unstrukturierten Datenpunkte, stellen Knoten dar, die durch Beziehungen verbunden werden. Diese Beziehungen weisen eine Richtung, einen Namen und Eigenschaften auf. Gegenüber relationalen Datenbanken führen die Verbindungen zwischen den Knoten zu einer schnelleren Navigation, da auf JOINs (deutsch: Verbünde) verzichtet werden kann. [22] Die Motivation dieses Datenmodells ging aus den Schwächen relationaler Datenbanken (teilweise auch anderer NoSQL-Konzepte) beim Umgang mit stark verknüpften Daten hervor. Diese laufen meist auf Ein-Server-Architekturen, da sich Graphen nicht so einfach zerteilen lassen und enthalten eher kleine Datensätze, die häufig auf komplexe Weise miteinander verbunden sind.[23] Beispiele wären u.a. FlockDB, GraphDB und die Neo4j Datenbank, auf welche in Kapitel 5 näher eingegangen wird.

Vorteile von Graphendatenbanken sind die sehr gute Skalierbarkeit und die hohe Agilität durch die Schemafreiheit. Durch die schnelle Verbindung von Knoten reduziert sich die Abfragedauer, da diese abhängig von der Ergebnisdatenmenge und nicht von der Gesamtmenge ist. Nachteile werden in dem hohen Aufwand für das Einfügen von Daten gesehen und der Eignung für Problemstellungen, bei denen es um das Abbilden von Beziehungen zwischen Daten geht. Hier zeigen sich relationale Datenbanken in der Praxis wesentlich effizienter.[24]

5. Anwendungsfelder

Die Untersuchung der verschiedenen NoSQL-Datenbanken in Kapitel 4 hat ergeben, dass diese ihre Stärken insbesondere in spezifischen Anwendungsfällen haben. Nachfolgend werden exemplarisch die Datenbanken Neo4j und Cassandra näher betrachtet und deren spezielle Anwendungsfelder.

---

[21] vgl. http://wi-wiki.de/doku.php?id=bigdata:spaltendb, abgerufen 22.02.2021
[22] vgl. Steven/ Klünder (2020), S. 71f
[23] vgl. http://wi-wiki.de/doku.php?id=bigdata:graphdb, abgerufen 22.02.2021
[24] vgl. Steven/ Klünder (2020), S. 72

5.1 Graph-Store-Datenbank: Neo4j

Eine der ältesten graphenorientierten Datenbanken ist Neo4j. Sie wurde bereits 2003 in einer der ersten 24/7-Produktinstallationen als Basis für ein Content Managementsystem eingesetzt. In 2007 erfolgte die Ausgliederung und Umwandlung in ein Open-Source- Projekt. Neo4j ist voll ACID-transaktional und speichert alle Graphendatenstrukturen auf Festplatte in einem selbst entwickelten Format. Für Indexdatenstrukturen kommen hingegen Apache Lucence, eine frei verfügbare Programmbibliothek für die Volltextsuche, zum Einsatz. Die Datenbank kann sowohl als eigenständiger Datenbankserver, als auch in eine Java-Anwendung eingebettete Graphendatenbank konfiguriert werden. Dadurch können sehr hohe Verarbeitungsgeschwindigkeiten erreicht werden. Aufgrund der hohen Performance, einer Vielzahl von Schnittstellen für die unterschiedlichsten Programmiersprachen und regen Zusammenarbeit mit der Open-Source-Community ist es derzeit eine der prominentesten und beliebtesten Graphendatenbanken.[25]

Die Daten und deren Beziehungen untereinander werden in Form von Knoten und Kanten gespeichert. Die Knoten, auch als Nodes bezeichnet, stellen konkrete Objekte dar, die vergleichbar sind mit einem Datensatz in relationalen Datenbanken. Beziehungen zwischen den Knoten werden in Kanten, sog. Relationships, gespeichert. Zwischen zwei Knoten können keine, eine oder mehrere Beziehungen bestehen. Die Kanten und Knoten eines Graphen können Attribute, auch Proberties genannt, tragen. Abbildung 2 zeigt exemplarisch Attribute der im Modell bekannten Kunden John und Jane. Knoten können jederzeit mit weiteren Attributen und Labels erweitert werden. Durch die Labels werden Teilmengen ausgezeichnet und indexiert, um diese zu gruppieren und Suchanfragen schnell zu ermitteln.[26]

---

[25] vgl. Edlich/ Friedland/ Hampe/ Brauer/ Brückner (2011), S. 291
[26] vgl. https://www.datenbanken-verstehen.de/lexikon/neo4j/, abgerufen 23.02.2021

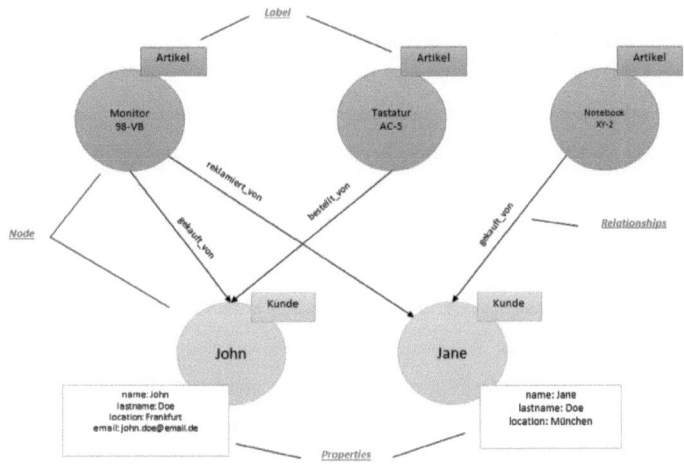

Abbildung 2: Neo4j Aufbau und Datenorganisation[27]

Um Abfragen und Mustererkennungsoperationen zu erleichtern, wurde für Neo4j mit „Cypher"
eigens eine Graphenanfragesprache entwickelt, wie sie beispielhaft in Abbildung 3 dargestellt
wird.

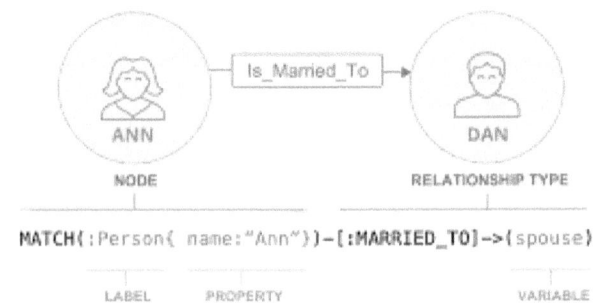

Abbildung 3: Beispiel für eine Anfrage in Cypher[28]

---

[27] vgl. https://www.datenbanken-verstehen.de/lexikon/neo4j/, abgerufen 23.02.2021
[28] vgl. https://neo4j.com/product/, abgerufen 23.02.2021

Wie bereits skizziert, kommt die Anwendbarkeit eines Datenmodells jeweils auf den speziellen Anwendungsfall an. Neo4j wird häufig für die Verwaltung von Datenmengen angewendet, die innerhalb von zehn Milliarden Knoten, Kanten und Eigenschaften liegen.[29] So nutzt u.a. Ebay Neo4j, um seine „Same Day Delivery"-Option zu optimieren und die beste und schnellste Lieferroute zu berechnen.[30]

5.2 Wide-Column-Stores-Datenbank: Cassandra

Cassandra ist eine der beliebtesten spaltenorientierten NoSQL-Datenbank. Sie wurde ursprünglich von Facebook entwickelt und ist seit 2008 als Open-Source freigegeben. Seit 2010 hat sich die Apache Software Foundation der weiteren Ausarbeitung angenommen. Wie bei einigen anderen NoSQL-Ansätzen (z.B. HBase) war Google BigTable Vorbild. Cassandra differenziert sich jedoch durch seinen hybriden Ansatz sowohl mit Key/ Value-Eigenschaften, als auch mit einer relativ flexiblen Schemaunterstützung. Ziel ist es einerseits eine größtmögliche Flexibilität und Skalierbarkeit und andererseits durch SQL-Datenbanken eine vertraute Schemasicherheit zu erreichen. Ein weiteres Merkmal ist die verteilte Architektur, um große Datenmengen und Datendurchläufe, wie sie insbesondere bei den großen sozialen Netzwerken entstehen, zu verwalten.[31]

Das Datenmodell besteht aus den Bestandteilen Keyspace, Keys, Columns, ColumnFamily sowie SuperColumns. Für den Einsatz definiert man über einen sog. Keyspace einen Bereich mit zusammenhängenden Daten, wie in Abbildung 4 dargestellt. Es empfiehlt sich alle Daten eines Projektes in einem gemeinsamen Keyspace abzulegen. Jeder Eintrag ist über einen Key (deutsch: Schlüssel) identifizierbar. Die Datenablage erfolgt in den Columns, welche jeweils ein Paar sog. „Schlüssel-Werte" enthalten. Mehrere Columns können zu einer SuperColumn zusammengefasst werden, um später bei Leseoperationen einen effizienten Zugriff zu ermöglichen.

---

[29] vgl. Edlich/ Friedland/ Hampe/ Brauer/ Brückner (2011), S. 301
[30] vgl. https://ixtenso.de/technologie/ebay-walmart-setzen-auf-neo4j.html, abgerufen 25.02.2021
[31] vgl. Edlich/ Friedland/ Hampe/ Brauer/ Brückner (2011), S. 3

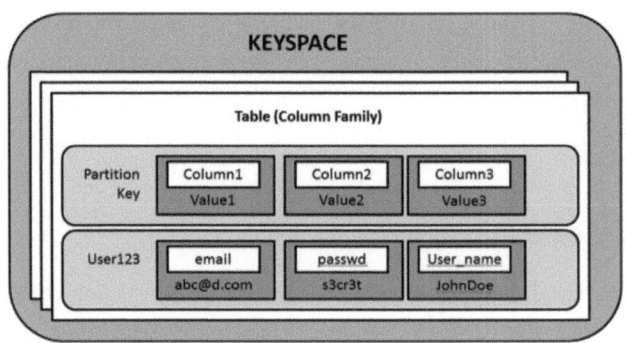

Abbildung 4: Cassandra Datenmodell[32]

An der Stelle, wo bei relationalen Systemen SQL für den Zugriff auf Daten Anwendung findet, kommt für NoSQL-Datenbanken das sog. Map-Reduce-Verfahren zum Einsatz. Dadurch soll eine effiziente Verarbeitung von Abfragen großer Datenmengen unterstützt werden. Die Implementierung solcher Map-Reduce-Funktionen erfordert in der Praxis jedoch umfangreiche Vorkenntnisse, was zusammen mit dem Test der Funktionen sehr zeitaufwendig sein kann. Die genannten Kritikpunkte führten teilweise zu Hindernissen der weiteren Ausbreitung von NoSQL-Datenbanken. Die Cassandra-Entwickler haben auf die Kritik reagiert und mit CQL (Cassandra Query Language) eine Art „SQL für Cassandra" entwickelt, deren Syntax stark an SQL angelehnt ist. Wenn der Zugriff exakt zur Speicherung der Daten passt, also das System von Anfang an für eine bestimmte Einsatzsituation entwickelt wird, können die Stärken der größtenteils automatisch verwalteten horizontalen Skalierung sowie der schnelle Lese- und Schreibzugriff genutzt werden. Dass sich Cassandra als Datenbank in großen Systemen eignet, belegt die Tatsache, dass die Facebook-Entwickler Cassandra ursprünglich genau für diesen spezifischen Anwendungsfall bzw. für die Anforderungen von Großsystemen entwickelt haben und sie auch heute noch bei Anbietern großer sozialer Netzwerke zum Einsatz kommt.[33]

---

[32] vgl. https://subscription.packtpub.com/book/big_data_and_business_intelligence/9781784392611/1/ch01lvl1sec09/a-brief-introduction-to-a-data-model, abgerufen 24.02.2021
[33] vgl. https://m.heise.de/developer/artikel/Einsatz-der-Cassandra-Datenbank-1349878.html?seite=all, abgerufen 24.02.2021

6. Schlussbetrachtung

Ziel dieser Arbeit war es, die Hintergründe für das Entstehen von NoSQL-Datenbankenkonzepten und deren spezielle Eigenschaften zu untersuchen. Hierfür wurden relationale Datenbanken den NoSQL-Datenbanken gegenübergestellt und verglichen, um so die jeweiligen Vor- und Nachteile herauszuarbeiten.

Historisch betrachtet begann die Geschichte der NoSQL Systeme parallel mit der Etablierung relationaler Systeme in den 1970er Jahren. Der eigentliche Durchbruch begann aber erst Anfang 2000 in Verbindung mit dem Web 2.0 und dem steigenden Bedarf große Datenmengen beherrschbar zu machen. Während relationale Datenbanken relativ unflexibel sind und überwiegend Tabellen mit Spalten und Zeilen für die Datenspeicherung nutzen, zeigen sich NoSQL-Datenbanken flexibler. Die Organisation der Daten erfolgt beispielsweise durch Wertepaare, Objekte, Dokumente oder Listen und Reihen. In der Regel sind die NoSQL-Systeme für einen speziellen Anwendungszweck optimiert, bei denen klassische relationale Datenbanken an Grenzen stoßen. Sie basieren häufig auf Open-Source-Software, sind sehr flexibel einsetzbar, auf (horizontale) Skalierbarkeit sowie Performance ausgelegt und haben ihre Stärken insbesondere bei großen Datenmengen, wie sie in Big-Data-Anwendungen benötigt werden.

Zusammenfassend hat sich im Rahmen dieser Arbeit gezeigt, dass NoSQL Datenbanken der relationalen Datenbank in ihrem speziellen Anwendungszweck, für die sie entwickelt und optimiert wurden, überlegen sind, weil dort die Vorteile überwiegen. Jedoch sind sie komplexer aufgebaut, kostenintensiver und nicht in jedem Einsatzgebiet die optimale Lösung. Wird jedoch eine Datenbank für einen überschaubaren und strukturierten Datenbestand benötigt, sind relationale Datenbanken durchaus auch heute noch wettbewerbsfähig und vorteilhafter gegenüber NoSQL-Systemen.

Literaturverzeichnis

Fachbücher:

Codd E.F. (1970): A Relational Model of Data for Large Shared Data Banks

Hansen, H./ Mendling, J./ Neumann, G. (2019): Wirtschaftsinformatik: Grundlagen und Anwendungen. 12. Auflage. Walter de Gruyter GmbH. Berlin, Boston.

Edlich S./ Friedland A./ Brauer B./ Brückner M. (2011): NoSQL: Einstieg in die Welt nichtrelationaler Web 2.0 Datenbanken. 2.Auflage. Carl Hanser Verlag, München.

Matthiessen G./ Unterstein M. (2003): Relationale Datenbanken und SQL: Konzepte der Entwicklung und Anwendung. 3. Auflage. Addison-Weseley, München.

Steven M./ Klünder T. (2020): Big Data: Anwendung und Nutzungspotenziale in der Produktion. W. Kohlhammer GmbH, Stuttgart.

Wolan M. (2020): Next Generation Digital Transformation: 50 Prinzipien für erfolgreichen Unternehmenswandel im Zeitalter der Künstlichen Intelligenz. Springer Fachmedien Wiesbaden GmbH.

Internetquellen:

Lapp A. / Hosting A.: https://www.bigdata-insider.de/big-data-sql-und-nosql-eine-kurze-uebersicht-a-602249/, abgerufen 19.02.2021

Luber S./ Litzel N.: https://www.bigdata-insider.de/was-ist-acid-a-776182/, abgerufen 19.02.2021, https://www.bigdata-insider.de/was-ist-nosql-a-615718/, abgerufen 19.02.2021, https://www.bigdata-insider.de/was-ist-eine-relationale-datenbank-a-643028/, abgerufen 19.02.2021

THM Technische Hochschule Mittelhessen: http://wi-wiki.de/doku.php?id=bigdata:nosql, abgerufen 19.02.2021, http://wi-wiki.de/doku.php?id=bigdata:keyvaluedb, abgerufen 22.02.2021, http://wi-wiki.de/doku.php?id=bigdata:spaltendb, abgerufen 22.02.2021, http://wi-wiki.de/doku.php?id=bigdata:graphdb, abgerufen 22.02.2021

Microsoft: https://docs.microsoft.com/de-de/dotnet/architecture/cloud-native/relational-vs-nosql-data, abgerufen 22.02.2021

Datenbanken-verstehen.de: https://www.datenbanken-verstehen.de/lexikon/neo4j/, abgerufen 23.02.2021

Neo4j: https://neo4j.com/product/, abgerufen 23.02.2021, https://neo4j.com/case-studies/ebay/, abgerufen 25.02.2021

Nishant Neeraj: https://subscription.packtpub.com/book/big_data_and_business_intelligence/9781784392611/1/ch01lvl1sec09/a-brief-introduction-to-a-data-model, abgerufen 24.02.2021

Jansen R.: https://m.heise.de/developer/artikel/Einsatz-der-Cassandra-Datenbank-1349878.html?seite=all, abgerufen 24.02.2021